Leo & Co.

Gebrochene Herzen

Alles Digitale zu diesem Buch kann auf der Lernplattform **allango** von Ernst Klett Sprachen abgerufen werden. So geht's:

QR-Code scannen oder **www.allango.net** aufrufen	Buchtitel oder ISBN in der Suche eingeben und auf das Buchcover klicken	Zum Inhalt navigieren, direkt abrufen oder speichern

Dieses Symbol bedeutet, dass zu einem Buch-Abschnitt ein digitaler Inhalt verfügbar ist: **Hörbuch und Lösungen zu den Übungen.**

Ernst Klett Sprachen

Stuttgart

Bildnachweis
9, 41, 49, 58.2 Klett-Archiv (Theo Scherling), Stuttgart; **39, 58.1** Klett-Archiv (Sabine Wenkums); **60, 61** © Copyright BMW AG, München; **62** Shutterstock (Route66), New York

1. Auflage 1 5 4 3 2 | 2026 25 24

Nachfolger von 978-3-12-606403-3
Alle Drucke dieser Auflage sind unverändert und können im Unterricht nebeneinander verwendet werden.
Die letzte Zahl bezeichnet das Jahr des Druckes.
Erstausgabe erschienen 2008 bei der Langenscheidt KG, München

www.klett-sprachen.de

Autor und Autorin: Theo Scherling und Elke Burger

Redaktion: Sabine Wenkums
Layout: Kommunikation+Design Andrea Pfeifer
Illustrationen und Umschlagbild: Johann Büsen
Tonregie: Theo Scherling und Sabine Wenkums
Tonaufnahme, -schnitt und -mischung: Andreas Scherling
Tonstudio: Frische Medien München und Grünton Studio München
Sprecherinnen und Sprecher: Ulrike Arnold, Elke Burger, Ruth Daly, Vanessa Daly, Monika Hossfeld, Detlef Kügow, Susanne Noll, Theo Scherling, Bettina Stummeyer, Helge Sturmfelds, Peter Veit, Ememkut Zaotschnyj
Druck und Bindung: Elanders Waiblingen GmbH, Waiblingen

Printed in Germany
ISBN 978-3-12-674090-6

Leo & Co.

Gebrochene Herzen

INHALT

DIE HAUPTPERSONEN DIESER GESCHICHTE:

Leo

Leo ist Maler, aber er ist auch ein leidenschaftlicher Koch.

Seine Kneipe „Leo & Co." ist ein gemütliches Lokal, in dem man gut und preiswert essen kann.

In dieser Geschichte repariert Leo gebrochene Herzen.

Anna

Anna ist Studentin und jobbt in Leos Kneipe. Sie wohnt bei ihrer Oma Gertrude Sommer.

Und Anna ist verliebt! Paco heißt der Glückliche. Die beiden haben eine Verabredung.

Paco freut sich auf Anna, Anna freut sich auf Paco, aber Paco kommt nicht.

Veronika Meier

Annas beste Freundin repariert jedes Auto. Sie lebt bei ihrem Vater. Zusammen haben sie die KFZ-Werkstatt „Meier & Meier".

Ihre kleine Tochter Iris erzieht Veronika allein.

In dieser Geschichte braucht Paco Veronikas Hilfe – aber ohne Schaden keine Reparatur.

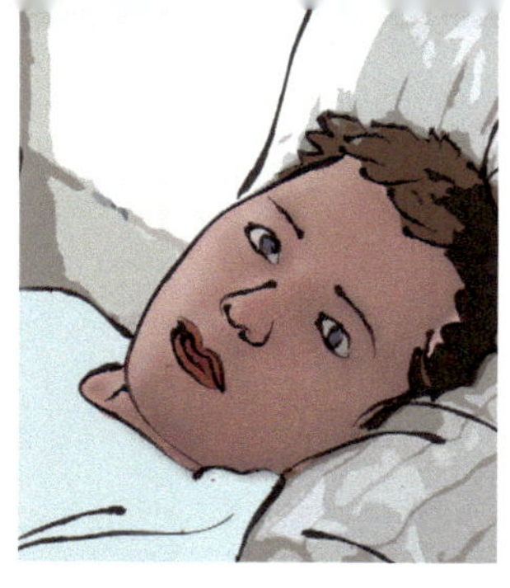

Paco

Paco freut sich auf die Verabredung mit Anna. Anna! Schnell noch eine SMS – auf dem Fahrrad: „Mi amor!"

Da kommt der BMW und jetzt liegt Paco im Krankenhaus. Bei dem Unfall hat er sich das rechte Bein gebrochen, die Schmerzen sind schrecklich. Die Ärztin hat ihm Tabletten gegeben. Gibt es auch Tabletten gegen gebrochene Herzen?

Felipe

Felipe ist Pacos Cousin und 17 Jahre alt. Er geht noch zur Schule, aber ungern.

Er ist supercool und meist sehr nett.

In dieser Geschichte will er seinem Cousin helfen, also spielt er Detektiv.

Leider macht das alles noch viel komplizierter.

Benno

Benno wohnt bei Leo im Haus, über der Kneipe. Weil er Leo manchmal hilft, muss er nicht viel Miete bezahlen. Er findet das prima, denn er hat nicht viel Geld.

Benno will in ein Konzert ins SPEX und lädt Anna ein. Felipe ist auch dort.

Biggi Brinkmann

Biggi hat seit kurzer Zeit den Führerschein!

Gerade hat sie ihr neues Auto, einen BMW Z4, abgeholt.

Sie macht eine Testfahrt, das Dach ist offen, ihre Haare flattern im Wind. Sie fühlt sich wie ein Filmstar.

Doch dann ist da plötzlich ein Radfahrer.

1

„Adiós!", ruft Paco und winkt.
„Kommst du nicht mit? Wir gehen noch etwas trinken."
„Nein, ich kann heute nicht. Ich habe noch eine Verabredung."
„Oh, oh, wie heißt sie denn?"
„Sei nicht so neugierig!"
„Na dann, tschüs! Bis morgen!"

Paco geht zu seinem Mountainbike, er hat es vor der Universität abgestellt.
Er ist gut gelaunt. Die Vorlesungen sind vorbei und er hat gleich ein Rendezvous mit Anna.
Anna!
Schnell fährt er Richtung Altstadt. Noch zwanzig Minuten bis nach Hause. Um 18 Uhr ist immer viel los. Feierabendverkehr!
Er freut sich auf Anna.
„Ich schicke ihr noch schnell eine SMS![1]"
Mit einer Hand hält er den Lenker, mit der anderen holt er sein Handy aus der Tasche und tippt: ‚Mi amor ...'

1 *die SMS*: eine schriftliche Mitteilung per Handy (Mobiltelefon)

Biggi Brinkmann ist glücklich. Gerade hat sie ihr neues Auto, einen BMW Z4, beim Händler abgeholt und macht eine Testfahrt. Das Dach ist offen, ihre Haare flattern im Wind. Im Autoradio läuft Musik. Sie fühlt sich wie ein Filmstar. Ü1

Ü2

Ü3

Der Wagen ist schnell, sehr schnell!
Die ersten Regentropfen fallen. Biggi fährt etwas langsamer und sucht den Knopf für das Autodach. Was macht denn der Typ auf dem Fahrrad? Ist der verrückt?
Biggi steigt auf die Bremse ...

Paco sieht den Sportwagen. Er will ausweichen, aber die Straße ist nass und der Fahrradreifen bleibt in der Straßenbahnschiene hängen. Kopfüber[2] fällt Paco auf die Straße.

„Hallo? Hallo, hörst du mich?“
„Ist er verletzt?“
„Ich glaube, er ist bewusstlos.“
„Sie sind viel zu schnell gefahren! Das ist ...“
„Da kommt der Krankenwagen!“
„Bitte machen Sie Platz! Los, bringt die Bahre, er muss schnell ins Krankenhaus!“
„Wo bringen Sie ihn hin?“
„Bitte machen Sie Platz, junge Dame. Wir bringen ihn ins Städtische Krankenhaus.“

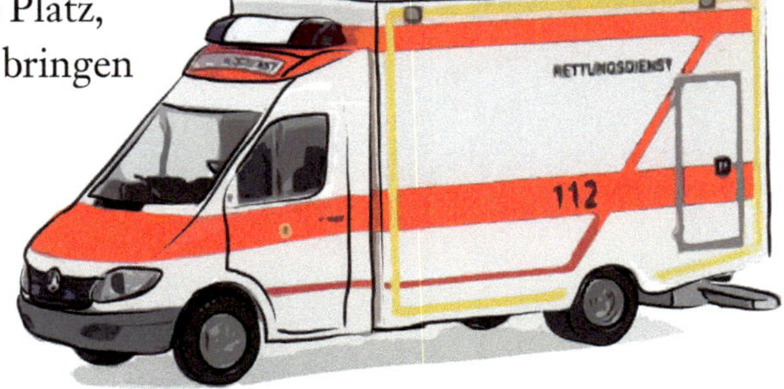

Ü4

2 *kopfüber*: mit dem Kopf voraus, mit dem Kopf nach unten

2

„Leo, ich bin fertig. Ich gehe jetzt!"
„Hast du die Bestellung für morgen notiert?" Leo kommt aus der Küche – ein großer Mann mit freundlichen Augen, langen Haaren und einem riesigen Schnurrbart.
Eigentlich ist Leo Maler, aber er ist auch ein leidenschaftlicher Koch. Vor ein paar Jahren hat er sein Hobby zum Beruf gemacht. Seine Kneipe[3] „Leo & Co." ist ein gemütliches Lokal, dort kann man gut und preiswert essen. An den Wänden hängen seine Bilder.
Er wischt sich die Hände ab.
„Hier steht alles drauf", lacht Anna und gibt ihm einen Zettel.
„Du kannst es ja gar nicht mehr erwarten. Wann kommt er denn?"
„Jeden Moment, so um halb sieben."
„Und wohin geht ihr?"
„Großes Geheimnis", sagt Anna. „Ich glaube, wir gehen in ein spanisches Restaurant."
„Tja, ihr wisst ja: Meine Paella ist die Beste! Aber ihr könnt euch den Magen gern bei der Konkurrenz verderben. Ich muss zurück in die Küche. Viel Spaß und bis morgen!"
„Danke, Leo, bis morgen."
Ü5 Anna wartet in der Kneipe.

Es ist ein warmer Sommerabend. Die Gäste sitzen alle im Freien[4].

3 *die Kneipe*: ugs. für *Gastwirtschaft, Bistro, Restaurant*

Plötzlich beginnt es zu regnen. Ein Gewitter!
Manche Gäste öffnen die Sonnenschirme, andere laufen schnell in die Kneipe.
Es ist schon Viertel vor sieben.
Anna holt ihr Handy aus der Tasche: Keine Nachricht.

„So allein, schöne Frau?"
„Hallo, Benno."
„Hast du heute Abend schon etwas vor?"
„Ja, ich warte auf Paco. Wir gehen essen."
„Klingt langweilig. Und ..."
„Was und?", fragt Anna.
„Du siehst ja, Spanier nehmen Verabredungen nicht so genau."
„Sehr witzig."
„Bringst du mir ein Bier?"
„Frag Leo. Ich habe Feierabend. "

Benno grinst. Er setzt sich auf einen Hocker und bestellt ein Bier.
Anna holt noch einmal ihr Handy aus der Tasche. Immer noch keine Nachricht.
Es ist Viertel nach sieben.

„Im SPEX ist nachher ein Konzert. Und außerdem gibt es dort die besten Hamburger der Stadt!" Benno steht wieder neben Anna.
„Ich bin schon verabredet!"

4 *im Freien sitzen*: draußen sitzen, hier: auf der Terrasse

„Glaub mir, dein Typ kommt nicht mehr. Und du bist jetzt schon so sauer[5], der Abend wird bestimmt nicht lustig. Komm, Anna, geh einfach mit ins SPEX. Wir essen eine Kleinigkeit und gehen ins Konzert."
Anna sieht auf ihr Handy. Gleich halb acht. Sie ist wütend. Sie wartet jetzt seit fast einer Stunde. Sie schaltet das Handy aus.
„O. k., ich komme mit."
„Prima!"
Benno stellt sein leeres Glas ab und die beiden gehen zur Bushaltestelle.
Das Gewitter ist vorbei. Ü6

5 *sauer sein*: verärgert sein

3

„Wie bitte?“

„Ihr Name, bitte!“

Die Krankenschwester sitzt neben dem Bett und hat ein großes Blatt Papier in der Hand: den Aufnahmebogen[6].

Aufnahmebogen Station

Familienname des Patienten

Vorname

Geburtsdatum Geburtsort

Geburtsname

 Ü7

Ü8

Geduldig beantwortet Paco die Fragen. Er liegt im Krankenhaus. Bei dem Unfall hat er sich das rechte Bein gebrochen, er hat eine Wunde am rechten Arm und er hat schreckliche Kopfschmerzen. Er hat ein Gipsbein, die Wunde ist verbunden und gegen die Kopfschmerzen hat er Tabletten bekommen.

Endlich ist die Krankenschwester fertig!

6 *der Aufnahmebogen*: ein Formular für die Anmeldung im Krankenhaus

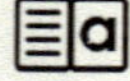

Pacos Sachen liegen auf einem Stuhl neben dem Bett. Er wühlt.
„Wo ist denn mein Handy?“
Er öffnet die Nachttisch-Schublade. Sein Handy liegt neben seinen Schlüsseln und seiner Geldbörse.
Er zieht die Decke über den Kopf und wählt die Nummer von Anna.
Im Krankenhaus ist das Telefonieren mit Handys verboten, aber er kann ja nicht aufstehen.
Anna meldet sich nicht, nur die Mailbox schaltet sich ein.
Paco legt auf.
Dann schreibt er eine kurze SMS an Felipe. Paco ist nach Hamburg gezogen, weil er hier studiert. Er wohnt bei Verwandten: seiner Tante, seinem Onkel und seinem Cousin Felipe.
Ü9 Er sieht auf die Uhr: 21 Uhr!

Draußen wird es langsam dunkel. Der Patient im Bett neben Paco schläft. Paco schließt die Augen. Er sieht wieder den Sportwagen, er kommt sehr schnell aus der Seitenstraße. Dann ist alles dunkel. Schwarz. Er erinnert sich nicht an den Unfall. Aber er erinnert sich an die Verabredung mit Anna.
Wieder wählt er Annas Nummer und wieder schaltet sich die Mailbox ein.
Diesmal erzählt er ihr die Geschichte.

Ü10

„Und, wie findest du die Band?“, schreit Benno in Annas Ohr. Es ist sehr laut im SPEX und Benno steht ganz nah bei Anna. Er legt einen Arm um ihre Schultern.

„Die Band ist klasse[7]! Findest du nicht?“ Benno legt eine Hand um Annas Hüften und bewegt sich im Rhythmus der Musik.

Anna nimmt seine Hände und schiebt sie weg.

„Lass das[8], Benno! Ich mag das nicht!“

„Verstehst du keinen Spaß? Komm, wir tanzen.“

7 *klasse*: sehr gut, super, toll
8 *lass das!*: hör auf!, mach das nicht!

„Hola[9], Anna!“
Anna blickt sich um. Ein junger Mann steht neben ihr: Pacos Cousin.
„Hola, Felipe, das ist Benno …“
„Falls es dich interessiert, Anna, Paco liegt im Krankenhaus. Schönen Abend noch!“
Felipe dreht sich um und geht.

Ü11

9 *Hola!*: *spanisch* hallo

4

„Guten Morgen!"
Eine blonde junge Frau steht in der Tür: die BMW-Fahrerin! Sie geht zum Bett und gibt Paco die Hand.
„Biggi Brinkmann!"
„Paco. Paco García. Sie sind ..."
„Wie geht es Ihnen?"
Biggi Brinkmann stellt einen prächtigen[10] Blumenstrauß auf den Nachttisch und legt ein paar Zeitschriften dazu. Teure Magazine. Und zwei Tageszeitungen.
„Es geht. Leider ist das Bein gebrochen, aber in zehn Tagen bin ich wieder fit[11]. Woher wissen Sie, dass ich hier ..."
„Tja, man hat da so seine Beziehungen", lächelt Biggi. „Also Gott sei Dank alles halb so schlimm. Radfahren sollte man besser mit Helm", sagt sie mit erhobenem Zeigefinger und lächelt wieder.
„Leider habe ich heute nicht viel Zeit. Darf ich denn noch mal vorbeikommen? Ich möchte doch sehen, wie schnell sich der Patient erholt."
„Klar! Gern! Aber mir geht es gut. Ich hoffe, dem Auto ist nichts passiert?"
„Nicht der Rede wert[12]. Das lasse ich reparieren und dann ist es wieder wie neu. Sie haben ja sicher eine Haftpflichtversicherung[13]. Jetzt erst mal gute Besserung[14] und bis bald!"

10 *prächtig*: sehr schön und groß und oft teuer
11 *fit sein*: körperlich in guter Verfassung sein
12 *Nicht der Rede wert!*: nicht wichtig, nicht schlimm
13 *die Haftpflichtversicherung*: diese Versicherung bezahlt den Schaden, wenn man etwas kaputt gemacht hat

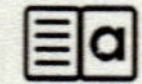

Biggi Brinkmann schließt die Tür von Zimmer 2011. Sie geht zum Aufzug und holt ihr Handy aus der Tasche. Ü12

Ü13

Ü14

„Klopf, klopf!"
Paco sieht zur Tür.
Anna kommt ins Zimmer. Sie hat einen kleinen Blumenstrauß, Saft und eine Zeitung dabei.
„Oh, mi amor! Endlich!"
Anna küsst und umarmt Paco. Sie sucht einen Platz für ihre Blumen.
„Von wem ist der denn?" Sie zeigt auf den riesigen Blumenstrauß.
„Von Biggi."
„Biggi. Aha!"
„Ja, Biggi Brinkmeier oder Brinkmann. Sie hat einen Sportwagen ..."
„Ist sie hübsch?"
„Anna! Ich hatte einen Unfall!"
„Paco!" Felipe stürmt ins Zimmer.
„Paco, wie geht's? Was ist passiert? Dein Bein? Ah! Hallo, Anna! Na, hast du dich gestern Abend im SPEX noch gut amüsiert?"
Anna sieht Felipe an und schüttelt den Kopf.
„Moment mal, ich sterbe fast, und du gehst ins SPEX?"
„Denk jetzt bloß nichts Falsches! Ich ruf dich später an. Tschüs."
Dann dreht sie sich um und geht aus dem Zimmer. Ü15

14 *Gute Besserung!*: das wünscht man kranken Menschen

5

„Erzähl mal!"
„Nach deiner SMS habe ich Anna gestern überall gesucht. Leo hat mir den Tipp mit dem SPEX gegeben. Ja, und da war sie auch. Mit Benno."
„Und?"
„Was und?"
„Was haben sie gemacht!?"
„Mensch, Alter! Was macht man wohl im SPEX? Man hört Musik, tanzt und trinkt ein Bier."
„Sonst nichts?"
„Du bist ja schlimmer als meine Mutter! Nein, sonst nichts!"
„Jetzt ist sie bestimmt sauer."
„Sauer? Du hast doch recht! Du stirbst fast, liegst im Krankenhaus und Anna amüsiert sich mit Benno."
Paco sieht aus dem Fenster und schweigt.
Dann sagt er leise:
„Es geht doch nicht um Benno, es geht um Biggi! Anna ist eifersüchtig auf Biggi!"
„Hä? Wer ist denn Biggi?"
„Die Frau mit dem Sportwagen."
„Was für ein Sportwagen? Ich verstehe nur Bahnhof![15]"
„Mein Unfall! Biggi Brinkmann ist die Fahrerin. Sie hat ..."
„Sie hat dich platt gemacht![16]", unterbricht Felipe.

15 *Ich verstehe nur Bahnhof!*: ugs. für *Ich verstehe (überhaupt) nichts.*
16 *jemanden platt machen*: ugs., hier: jemanden überfahren

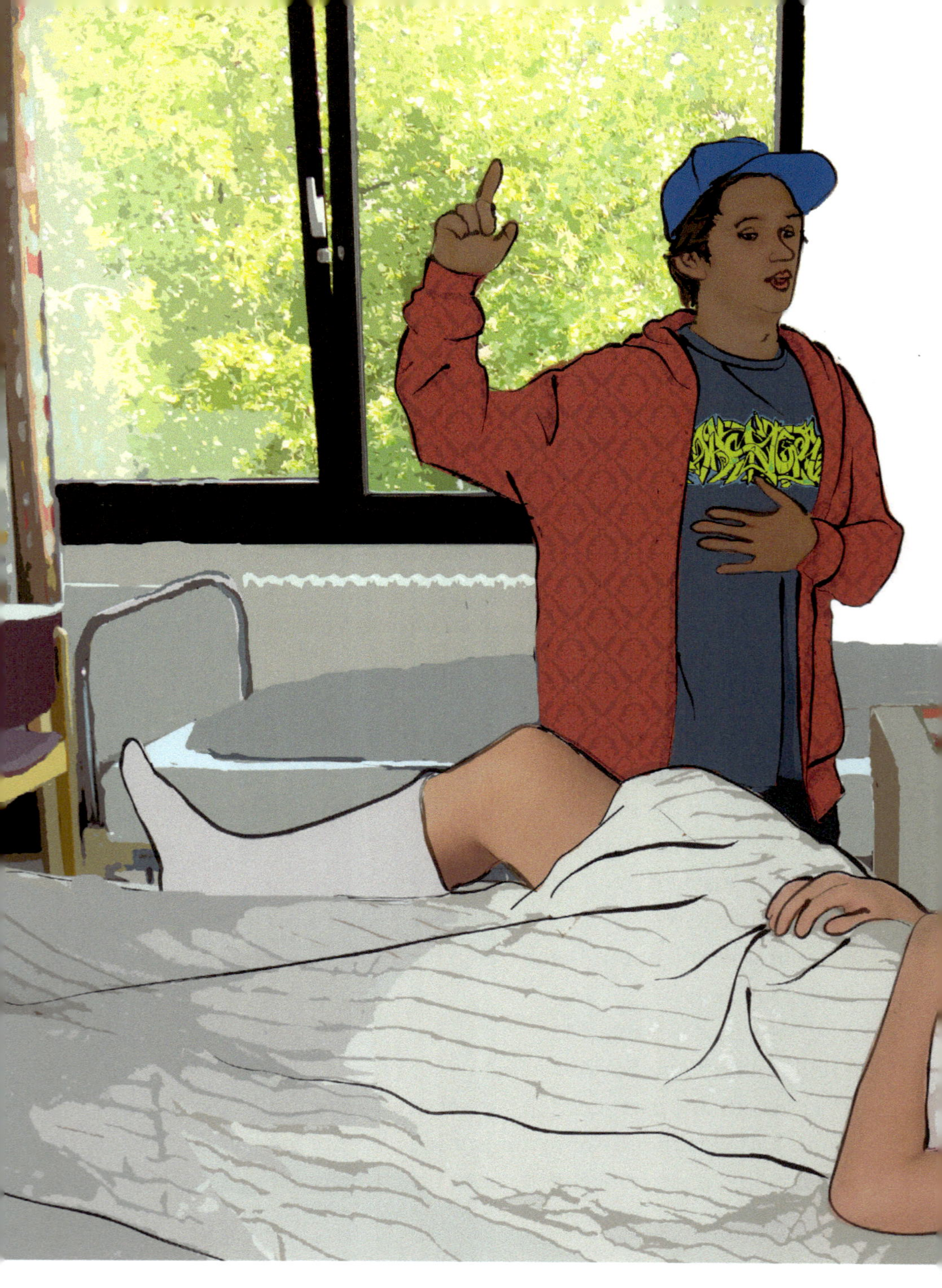

„Ich weiß nicht, vielleicht. Ich kann mich an den Unfall nicht erinnern."
„Und wo ist das Problem?"
„Ich habe keine Haftpflichtversicherung!"

Felipe denkt eine Weile nach.
„Jetzt verstehe ich langsam. Es geht hier nicht um ein Eifersuchtsdrama, es geht um Kohle[17]!"
„Ja. Wie soll ich das denn bezahlen?"
„Was ist eigentlich kaputt?"
„Keine Ahnung.[18]"
„Und wer war schuld an dem Unfall?"
„Das weiß ich auch nicht. Biggi fuhr jedenfalls verdammt schnell[19]."
„Oh Mann, du bist vielleicht naiv! Die liebe Biggi bringt dem armen kranken Pacolein einen großen Strauß Blumen und ein bisschen was zum Lesen und ... "

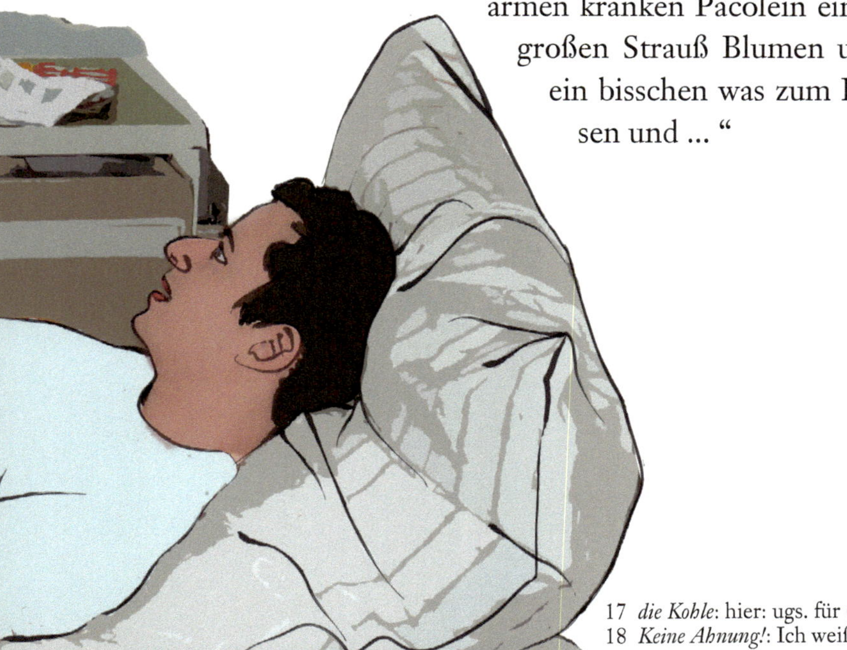

17 *die Kohle*: hier: ugs. für *Geld*
18 *Keine Ahnung!*: Ich weiß (es) nicht.
19 *verdammt schnell*: sehr schnell

„Was und?"
„Mensch, Paco, wach auf! Die Frau fährt dich krankenhausreif[20], dann kommt sie mit Blumen und denkt, alles ist wieder paletti![21]"
„Ja, aber ..."
„Nichts aber! Denk lieber mal über deine Forderungen nach: Schmerzensgeld[22] für ein gebrochenes Bein, einen verletzten Arm und natürlich Schadenersatz[23] für das kaputte Fahrrad. Da kommt bestimmt eine nette Summe zusammen."
„Du bist verrückt!"
Ü16 „Nein, bestimmt nicht. Lass mich nur machen: FF! Felipe Fer-
Ü17 nández, der Anwalt der unschuldigen Opfer! Biggi Brinkmann, ich komme!"
„Mach keinen Unsinn, Felipe. Und jetzt ab in die Schule![24]"
Nach ein paar Minuten holt Paco sein Handy.

Ü18
Ü19

20 *krankenhausreif*: so, dass man ins Krankenhaus muss
21 *alles paletti*: ugs. *für alles in Ordnung*
22 *das Schmerzensgeld*: bei Verletzungen nach einem Unfall kann man Schmerzensgeld bekommen.
23 *der Schadenersatz*: hier: Kostenübernahme für die Reparatur von Pacos Fahrrad
24 *ab in die Schule*: ugs. für *geh jetzt (sofort) in die Schule*

6

„Hallo, Anna, machst du mir bitte einen Espresso?"
Klaus Meier kommt in die Kneipe. Er trägt einen blauen Arbeitsanzug. In den Taschen steckt Werkzeug. Klaus Meier ist KFZ[25]-Mechaniker. Zusammen mit seiner Tochter Veronika hat er eine Autowerkstatt.
„Bitte, dein Espresso."
„Danke. Oh, hast du schlecht geschlafen? Du siehst müde aus."
„Schon o. k."
„Entschuldigung. Ich frag ja nur. Ist Leo da?"
„Ja, in der Küche." Anna geht zu einem kleinen Fenster hinter dem Tresen. Sie ruft:
„Leo!! Besuch für dich!"

„Im nächsten Leben werde ich auch Mechaniker. Da kann ich den ganzen Tag Pause machen und Espresso trinken!"
Leo kommt aus der Küche und umarmt seinen Freund Klaus. Die beiden sind ein sehr gegensätzliches Paar. Leo ist groß und dick und hat lange Haare, Klaus Meier ist klein und dünn, hat fast keine Haare mehr und trägt eine runde Brille. Er sieht aus wie ein Professor.
„Und ich eröffne eine Kneipe. Da kann ich den ganzen Tag mit meinen Gästen plaudern," lacht Klaus.

25 *KFZ*: Abkürzung für *(das) Kraftfahrzeug* (Autos, Motorräder, Lastwagen, etc.)

„Was kochst du uns denn heute Mittag Feines?"
„Du kannst wählen zwischen Gemüseteller, Lasagne oder einem bunten Salat mit gebratenen Pilzen."
„Gibt es auch was Richtiges zu essen?", lacht Klaus.
„Ich brate dir ein paar Filetstreifen zum Salat, damit du groß und stark wirst."
„Fein! Wir kommen um ein Uhr. Ich bringe Veronika, Iris und Ralf mit".

TAGESGERICHTE	
Gemüseteller mit Marktgemüse der Saison	7,50
Grüne Lasagne	8,95
Bunter Salat mit gebratenen Pilzen	7,20

Klaus Meier stellt die leere Tasse auf den Tresen. Daneben legt er ein Zwei-Euro-Stück.
Der Espresso kostet 1,70 Euro, der Rest ist Trinkgeld für Anna.
„Wie geht es Paco?"
Anna trocknet das Kaffeegeschirr ab.

Sie sieht Klaus nicht an.
„Das fragst du am besten seine neue Krankenschwester!"
„Oh. Verstehe. Dicke Luft.[26]"

Leo zieht seinen Freund in die Küche:
„Anna war gestern mit Paco verabredet. Aber er ist nicht gekommen und dann ist sie mit Benno ins Konzert gegangen."
„Ja und? Da ist doch nichts dabei![27]"
„Eigentlich nicht. Paco hatte den Unfall, deshalb konnte er ja gar nicht kommen. Aber Felipe hat Anna mit Benno im SPEX gesehen und ..."
„Und jetzt ist Paco eifersüchtig. Verstehe! Und wer ist die neue Krankenschwester?"
„Anna war heute Morgen im Krankenhaus. Und irgendwie ist der Besuch völlig daneben gegangen.[28] Sie hat geweint."
„Liebe und Eifersucht, wie im Kino. Paco liebt Anna und ist eifersüchtig auf Benno. Anna liebt Paco und ist eifersüchtig auf die neue Krankenschwester."
„Genau! Aber die Krankenschwester ist keine Krankenschwester. Sie hat das Unfallauto gefahren, ist attraktiv, jung, reich, heißt Biggi, war heute noch früher als Anna bei Paco im Krankenhaus und ..."
„Stopp! Stopp! Das ist mir zu viel! Ich muss wieder in die Werkstatt. Ich wollte nur wissen, wie es Paco geht."
„Ach, der wird schon wieder.[29] Er hat ein Bein gebrochen und einen Brummschädel[30]."
„Na dann. Bis später. Tschüs, Leo."

Ü21

26 *Dicke Luft*: hier: ugs. für *Ärger, Streit (in der Luft)*
27 *Da ist doch nichts dabei*: hier: Das macht doch nichts, das ist doch nicht schlimm
28 *Etwas geht daneben*: etwas ist/wird anders (oft schlechter) als erwartet oder geplant
29 *Der/Die/Das wird schon wieder*: bald ist alles wieder in Ordnung / gut
30 *einen Brummschädel haben*: ugs. für *starke Kopfschmerzen haben*

7

„Mama, ich hab Hunger!"
„Warte noch einen Moment, Iris. Wir gehen gleich mit Opa essen. Ich muss nur noch schnell etwas erledigen."
Veronika Meier fährt langsam die Parkstraße entlang.
Aus dem Autofenster sieht sie nach links und nach rechts.
„Mensch, Hausnummern kennt ihr wohl nicht in dieser feinen Gegend! Wo ist denn die Nummer 24? Ah, hier!"
„Was suchst du, Mama?"
„Ich suche ein Haus, mein Schatz. Warte bitte kurz, ich bin gleich wieder da."
Sie stoppt den Kombi.
In der Straße ist niemand zu sehen.
Sie steigt aus und geht zu dem großen Tor auf der anderen Straßenseite.
Ein Briefkasten, ein Klingelschild: ‚Brinkmann', darüber eine Kamera.

Sie sieht durch das Tor. Zum Haus sind es bestimmt zweihundert Meter. Neben dem Haus sind Garagen. Vor einer Garage steht ein BMW Cabrio.

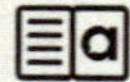

„Mist! Zu weit weg.“
Die Haustür geht auf und eine junge Frau kommt heraus. Sie geht zum Cabrio.
„Glück muss man haben!“, sagt Veronika und läuft zum Kombi. Sie steigt ein, nimmt ihren Fotoapparat und wartet.

Mit lautem Knattern fährt ein Motorroller die Parkstraße entlang.
Der Fahrer sieht nach links und nach rechts. Vor der Hausnummer 24 bleibt der Motorroller stehen. Der Fahrer nimmt den Helm ab. Felipe!
Veronika Meier duckt sich.
„Den kenn ich! Das ist Felipe!“, ruft Iris und klopft an das Autofenster.
„Leise! Pscht! Sei bitte leise!“
„Was macht der hier, Mama?“
„Ich weiß es nicht.“
Im gleichen Augenblick öffnet sich das Tor und der BMW fährt langsam auf die Straße. Felipe stellt sich vor das Auto.
Die junge Frau hält an.
Die beiden sprechen miteinander.

Veronika macht schnell ein paar Fotos.
Nach ein paar Minuten gibt Felipe der jungen Frau einen Zettel, dann fährt sie mit Vollgas[31] weg. › Ü22

31 *mit Vollgas fahren*: mit hoher Geschwindigkeit, sehr schnell fahren

HH MB 877

Es ist halb zwei. Familie Meier macht Mittagspause.
„Schmeckt's?"
„Wie immer, köstlich!"
„Kann ich noch eine Cola haben, Mama?", fragt Iris.
„Nein, keine Cola."
„Manno![32] Opa, krieg ich noch eine Cola?"
„Nein, mein Schatz. Wenn Mama sagt, keine Cola, dann gibt's auch keine Cola. Du weißt, der Zucker ..."
„... macht die Zähne kaputt. Also gut, eine Apfelsaftschorle[33]."
„Anna, bringst du bitte eine Apfelsaftschorle für Iris?"
„Kommt gleich!"

„So, deine Schorle, meine Süße."
„Danke! Wir haben heute Felipe gesehen."
Anna lacht.
„Ja, manchmal glaube ich auch, Felipe muss noch mal in den Kindergarten ..."
„Nein, er war nicht im Kindergarten. In einer Villa!"
„Und was habt ihr da gemacht?"
„Anna, hast du mal zwei Minuten Zeit?"
Veronika Meier nimmt ihren Fotoapparat und steht auf.
„Komm, ich muss dir was zeigen."

32 *Manno!* oder *Mannomann*: das sagen oft Kinder, wenn sie nicht bekommen, was sie wollen
33 *die Apfelsaftschorle*: Apfelsaft mit Mineralwasser verdünnt

8

„Und wie funktioniert das?"
„Ganz einfach. Ich nehme den Chip aus der Kamera und stecke ihn in den Drucker. Und auf dem Display wählen wir die Fotos aus."
„Toll!"
„Hast du den Drucker schon mal benutzt?"
„Klar! Ich drucke jeden Tag die Speisekarten. Aber dass man damit auch Fotos machen kann ..."

Veronika und Anna sitzen im Büro von Leo.
Auf dem Display erscheinen Fotos.
Iris beim Baden, Klaus Meier mit Sonnenhut, Felipe und das Cabrio.
„Was ist das?", ruft Anna.
„Das will ich dir zeigen. Moment mal."
Veronika drückt eine Taste und das Bild von Felipe und Biggi Brinkmann kommt aus dem Drucker.
„Hm. Kein Kratzer am Auto!"
„Ist sie das?", fragt Anna.
„Anna! Wo bleibst du denn?", ruft Leo aus der Küche. „Die Gäste warten."
„Bringt jetzt der Cousin die Liebesbriefe? Oder wie soll ich das verstehen? Der kann was erleben![34]"
„Ich verstehe die Situation auch nicht, aber eins weiß ich: Die junge Dame lügt!"

34 *Der/Die kann was erleben!*: Drohung

Plötzlich steht Leo in der Tür. „Anna, bitte. Der Laden ist voll. Ich schaff das nicht allein."
„Entschuldige, Leo, aber es ist wichtig."
Veronika erzählt Anna und Leo von dem Telefonat mit Paco.
„Deshalb war sie im Krankenhaus. So ein Biest[35]! Und was machen wir jetzt?"
„Veronika geht in die Werkstatt, du gehst in die Kneipe und ich denke nach", lacht Leo.
„Und nachdenken kann ich am besten im Atelier. Ich melde mich bei euch."

Ü23

35 *das Biest*: hier: Schimpfwort, eine böse Person (wird nur für weibliche Personen benutzt)

Nachmittags im Atelier. Leo holt einen Stadtplan, schlägt ihn auf und sucht die Straßenkreuzung, den Unfallort.
Dann nimmt er ein Blatt Papier und zeichnet eine Skizze.

Und dann ruft er die Telefonauskunft an.

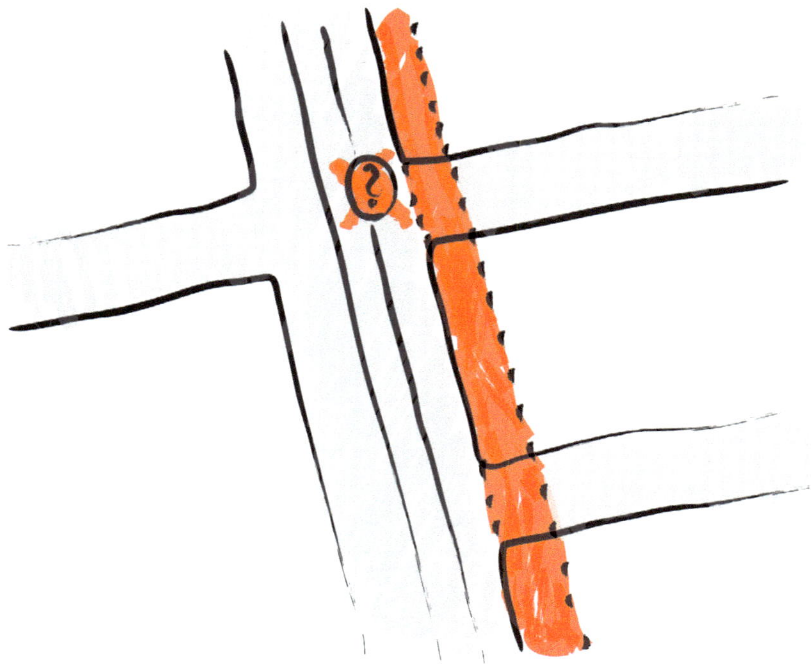

Leo schreibt die Telefonnummer in die Skizze und wählt die Nummer.
„Linden-Apotheke, Schmidtke."
„Hallo, Margit, hier ist Leo."
„Leo! Bist du es wirklich, Leo?"

„Ja, ich bin es wirklich, Margit. Sag mal, hast du heute Nachmittag vielleicht ein paar Minuten Zeit für mich?"
„Was kann ich denn für dich tun?"
„Gestern war vor eurer Apotheke doch ein Unfall?"
„Ja. Der Radfahrer."
„Der Radfahrer ist ein Freund von mir."
„Ach, dann möchtest du sicher sein Fahrrad abholen. Arthur hat es bei uns in den Hof gestellt."
„Arthur?"
„Ja, Arthur ist mein Ehemann. Aber du kannst ihn ja heute Nachmittag kennenlernen. Um vier?"

9

„Guten Tag, Sie wünschen?“
„Guten Tag. Kann ich bitte Frau Schmidtke sprechen?“
Der Apotheker nimmt das Telefon und drückt einen Knopf.
„Einen Moment, bitte. Wen darf ich melden?“
„Leo.“
„Hallo, Margit, hier ist ein Herr ...“
„Leo. Einfach Leo.“
„... ein Herr Leo für dich.“ Er legt das Telefon auf und sagt zu Leo: „Meine Frau kommt gleich.“
„Danke sehr.“
Leo sieht aus dem Fenster. Man kann die Kreuzung sehr gut sehen.
Die Apothekerin kommt in den Laden und begrüßt Leo.
„Hallo, Leo. Das ist ja eine Ewigkeit her. Darf ich vorstellen, das ist mein Mann Arthur.“
Herr Schmidtke gibt Leo die Hand und sagt distanziert: „Wir kennen uns bereits.“
Margit Schmidtke stellt sich demonstrativ neben ihren Mann und sagt: „Wie können wir helfen?“

Ü25
Ü26

Leo schiebt das Fahrrad zur Querallee. Die Kreuzung ist sehr übersichtlich. Parallel zu der Altenburger Straße gibt es einen Fahrradweg und daneben sind die Straßenbahnschienen.

APOTHEKE

Vom Ende der Bremsspuren zum Fahrradweg ist es mindestens ein Meter und bis zu den Schienen sind es ungefähr zwei.
Er stellt das Fahrrad ab und geht zur Unfallstelle. In der Schiene liegt Glas. Er hebt eine Scherbe auf und geht zurück zum Fahrrad. Die Lampe ist kaputt.

Leo geht gern zu Fuß. Mit dem Fahrrad fährt er nicht sehr oft. Mit einem Mountainbike ist er noch nie gefahren. Eigentlich sollte er zurück in die Kneipe. Aber er fährt zum Krankenhaus.
An der Rezeption fragt er nach Paco.
„Entschuldigung, ich suche Paco García."
Die junge Frau tippt den Namen in den Computer.
„García. Unfall-Chirurgie, 2. Etage, Zimmer 2011."
„Dankeschön!"

Leo sucht den Lift. Mehrere Personen warten.
Eine attraktive ältere Dame und eine junge Frau stehen neben ihm. Die Dame redet eindringlich auf die junge Frau ein.
Zufällig hört er das Gespräch.
„Du fährst jetzt hoch und machst ihm klar, dass er entweder unterschreibt oder wir übergeben die Sache einem Anwalt. Und diesen kleinen Ganoven[36] zeigen wir bei der Polizei an, wegen Erpressung!"
„Aber Mami, ich kann das nicht und ..."
„Biggi! Wenn ich Papa von dem Unfall erzähle, nimmt er dir dein Auto wieder weg. Das ist dir doch hoffentlich klar?"

Der Lift kommt und Leo fährt in die zweite Etage. Die junge Frau auch. Sie ist sehr nervös.
Zusammen gehen sie den Flur entlang zum Zimmer 2011.
„Entschuldigung!"

36 *der Ganove*: der Bandit, der Kriminelle, der Verbrecher

Die junge Frau bleibt stehen und dreht sich um.
„Möchten Sie auch zu Paco?"
„Ja, äh, wer sind Sie? Was ...?"
„Entschuldigung, ich habe vorhin ihr Gespräch gehört. Ich bin der Onkel von Paco. Ich glaube, der Patient braucht jetzt vor allem Ruhe und keine Aufregung. Darf ich das Papier mal sehen? Vielleicht kann ich das ja unterschreiben?"
„Wirklich? Also ... hier bitte!"

Gerwald Brinkmann
Parkstraße 24
22605 Hamburg 15. August

Unfallsache: Brinkmann / García

Hiermit erkläre ich, Paco García, dass ich keine Schadenersatzforderungen an Familie Brinkmann stelle. Ich habe den Unfall selbst verschuldet und Biggy Brinkmann trifft keine Schuld.

Leo wirft einen kurzen Blick auf das Papier.
„Ich sehe mir das in Ruhe zu Hause an und schicke es Ihnen dann zu, einverstanden?"
„Danke, Herr ..."
„Leo. Einfach, Leo."
Biggy geht zurück zum Lift. Leo wartet einen Moment, dann nimmt er sein Handy und wählt Annas Nummer:
„Bitte kommen Sie schnell ins Städtische Krankenhaus. Zweite
Ü27 Etage, Chirurgie, Abteilung ‚Gebrochene Herzen'!"

10

Es klopft.

„Herein. – Leo! Was machst du denn hier?"

„Ach, ich habe dein Fahrrad geholt."

„Mein Fahrrad? Ist das nicht auf dem Schrottplatz?"

„Nein, deinem Fahrrad ist nichts passiert. Dem BMW übrigens auch nicht. Du brauchst nur eine neue Lampe."

„Woher weißt du ... und wo hast du, ich meine, wie hast du ...?"

Leo nimmt den großen Blumenstrauß aus der Vase.

„Ruhig Blut[37], mein Junge. Ich bringe dein Rad nach Hause, die Blumen nehme ich auch mit und du wartest auf deinen Besuch. Gute Besserung!"

Leo geht zur Tür.

„Leo, bitte. Ich habe doch gar nichts ..."

„Ich weiß, Paco. Ich weiß. Ach übrigens, ich brauche noch die Handynummer von deinem Cousin Felipe."

Leo holt sein Notizbuch aus der Tasche.

„Ich höre!"

Ü28

37 *Ruhig Blut!*: ugs. für *Bleib ruhig! Keine Aufregung!*

„Hast du Anna gesehen?“
Benno räumt die Tische ab und bringt die leeren Gläser zur Spüle.
„Ich glaube, die ist immer noch im Krankenhaus.“
„Was? Um diese Zeit? Es ist doch schon spät!“
„Du sagst es, Benno. Deshalb gehst du jetzt nach Hause und ich schließe. Danke und gute Nacht!“
Leo begleitet Benno zur Tür und sperrt die Kneipe zu. Dann geht er zum Tresen und zapft zwei Biere.

ENDE

KAPITEL 1

1 Richtig oder falsch? Kreuzen Sie an.

	R	F
1. Paco ist Student.	☐	☐
Paco ist Koch.	☐	☐
2. Paco hat eine Verabredung mit Biggi Brinkmann.	☐	☐
Paco hat eine Verabredung mit Anna.	☐	☐
3. Biggi Brinkmann ist glücklich.		
Sie macht eine Testfahrt mit ihrem neuen Mountainbike.	☐	☐
Sie macht eine Testfahrt mit ihrem neuen Auto.	☐	☐

2 Was passt? Ordnen Sie zu.

a 

b 

c 

d 

e 

f 

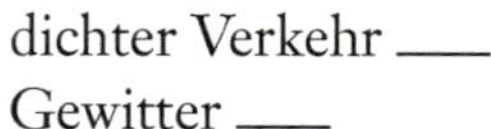

dichter Verkehr ___
Gewitter ___

Stau ___
Sturm ___

Ampel ___
heftige Regenfälle ___

3 Hören Sie und ergänzen Sie.

Hallo, liebe Hörerinnen und Hö______, hier ist der aktuelle Verkehrs-________________! In der ganzen Stadt ist dichter Feierabend______ ______________. In der Hauptmannstraße 2 km St______ in Richtung Auto________. Bitte fahren Sie vor______________. Blitzer[1] stehen an der Montenstraße. Und noch ein Blick aufs We__________:
Von Westen kommt ein Gew______________ mit Sturmböen und kurzen kräftigen Reg____________________.

4 Was ist passiert? Nummerieren Sie die richtige Reihenfolge.

___ Biggi fährt sehr schnell, sucht im Auto einen Knopf und passt auch nicht auf.

___ Der Krankenwagen kommt, Paco muss ins Krankenhaus.

___ Paco fällt auf die Straße.

___ Biggi sieht Paco mit dem Handy, erschrickt und bremst das Auto sofort.

___ Paco schreibt auf dem Fahrrad eine SMS und passt nicht auf.

1 *Blitzer*: Kontrollgerät zur Geschwindigkeitsmessung im Straßenverkehr

KAPITEL 2

5 Was wissen Sie über Leo? Was wissen Sie über die Kneipe?

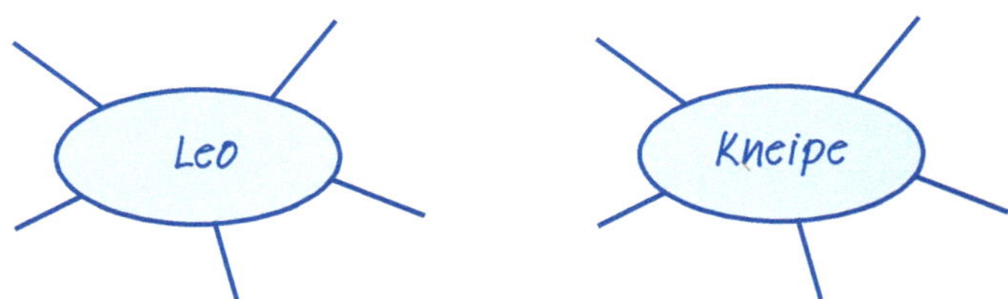

6 Ordnen Sie und schreiben Sie die Sätze.

1. in Leos Kneipe. | arbeitet | Anna |

   ____.

2. ist | verliebt. | in Anna | Paco |

   ____.

3. Nach der Arbeit | essen | Anna | wollen | Paco | gehen. | und |

   ____.

4. Paco | Anna | aber | wartet | auf Paco, | kommt | nicht. | lange |

   ____.

5. mit Benno | in ein Konzert. | sauer | Anna | ist | geht | und |

   ____.

KAPITEL 3

7 Lesen Sie den Aufnahmebogen. Hören Sie und ergänzen Sie die Informationen.

Aufnahmebogen Station [ ][ ][ ][ ]

Familienname des Patienten

Vorname

Geburtsdatum

Geburtsort

Geburtsname

Postleitzahl

Wohnort

Straße und Hausnummer

Familienstand (LD = ledig, VH = verheiratet, VW = verwitwet, GS = geschieden)

Konfession (rk = römisch-katholisch, ev = evangelisch, an = andere)

Nationalität

Geschlecht (m = männlich, w = weiblich)

Verlegung von Krankenhaus

einweisender Arzt

Hausarzt (Adresse)

8 Lesen Sie und vergleichen Sie mit Ü7.

„Ihr Name, bitte! – Verstehen Sie Deutsch?"
„Ja, natürlich! Entschuldigung, aber diese Kopfschmerzen ...
Ich heiße Paco García Fernández."
„Vorname?"
„Paco."
„Und García Fernández ist Ihr Familienname?"
„Ja. Aber García reicht auch."
„Geburtsdatum?"
„23. September 1985."
„Wo sind Sie geboren?"
„In Minden."
„Geburtsname entfällt ... Dann brauche ich Ihre Adresse, bitte."
„Große Brunnenstraße 20, 22763Hamburg.."
„Danke schön. Familienstand?"
„Ledig."
„Konfession?"
„Wie bitte?"
„Welcher Religionsgemeinschaft gehören Sie an?"
„Keiner!"
„Verzeihung, Herr García, aber ich muss das ausfüllen. So: Nationalität?"
„Deutsch!"
„Geschlecht männlich. Keine Verlegung – Strich! Wer hat Sie eingewiesen?"
„Tut mir leid, keine Ahnung. Ich glaube, der Notarzt."
„Das finde ich in Ihrer Akte. Ich notiere ‚Notarzt'. Und jetzt brauche ich noch den Namen und die Adresse von Ihrem Hausarzt."
„Mein Hausarzt ist Dr. Groß, in Ottensen, hm, die genaue Adresse weiß ich nicht."
„Macht nichts, die kann ich suchen. Vielen Dank, Herr García."

9 Antworten Sie bitte.

1. Wo ist Paco? ____________________
2. Was fehlt ihm? ____________________

3. Warum telefoniert Paco unter der Bettdecke? ____________________

____

4. Wo wohnt Paco? ____________________

10 a Hören Sie und ergänzen Sie bitte.

„Hallo, mi amor. ____________________, dass ich nicht bei dir bin.
Ich bin im ____________________, im Städtischen Krankenhaus.
Mein Bein ist ______________, mein Arm ist ______________
und ich habe schreckliche ____________________!
Ich hatte einen ____________________. Bitte besuch mich bald!
Ich bin auf der Station ‚Unfall-Chirurgie', ____________________,
Zimmer__________. Ich küsse dich."

10 b Hören Sie noch einmal und vergleichen Sie.

11 Wer sagt das? Anna, Benno oder Felipe?

1. ______________: „Die Band ist klasse!"
2. ______________: „Lass das!"
3. ______________: „Verstehst du keinen Spaß?"
4. ______________: „Schönen Abend noch!"

KAPITEL 4

12 Wie heißen die Wörter? Schreiben Sie.

1. Benstlumrauß

____

2. Patenti

____

3. Verungersich

____

4. Zifteitschr

____

5. rerieparen

____

6. Geut Bruesseng !

____

13 Hören Sie und notieren Sie.

1. Was erzählt Biggi ihrer Mutter über Paco?
2. Was interessiert Biggis Mutter?

Biggi erzählt, Paco ...

14 Ergänzen Sie. Hören Sie noch einmal und vergleichen Sie.

„Egal. Was will er?" • „García?" • „Biggi! Wie heißt er?" • „~~Und, wie war's?~~" • „Keine Forderungen?" • „Ein Spanier?" • „Sicher ist sicher."

„Hallo, Mami, hier ist Biggi!"

„Und, wie war's?"

„Der Typ ist so süß! Zum Verlieben!"

____

„Paco. Paco Gar..., hm, so wie ein amerikanischer Schauspieler."

____

„Genau! García."

____

Nein, ich weiß nicht, er spricht gut Deutsch."

____

„Nichts. Er ist auch bald wieder fit, sagt er."

____

„Nein. Er hat sich sogar nach dem Auto erkundigt ..."
„Trotzdem. Besuch ihn noch mal und lass dir das schriftlich geben.

____

„Ich weiß nicht, Mami."

15 Was ist passiert? Nummerieren Sie die richtige Reihenfolge.

___ Felipe besucht Paco im Krankenhaus.
___ Sie bringt ihm einen großen Blumenstrauß und Zeitschriften mit.
___ Paco ist sauer.
___ Anna besucht Paco im Krankenhaus.
___ Sie ist sehr nett und möchte wissen, wie es ihm geht.
___ Anna ist eifersüchtig.
___ Biggi Brinkmann besucht Paco im Krankenhaus.
___ Er erzählt, dass Anna im Spex war.

KAPITEL 5

16 Richtig oder falsch? Kreuzen Sie an.

	R	F
1. Felipe denkt, Paco ist eifersüchtig auf Benno.	☐	☐
2. Paco kann die Reparaturkosten für Biggis BMW bezahlen.	☐	☐
3. Felipe glaubt, Paco ist schuld an dem Unfall.	☐	☐
4. Felipe denkt, Paco soll Schmerzensgeld und Schadenersatz bekommen.	☐	☐

17 Was glauben Sie, wen ruft Paco an? Warum?

Ich glaube, ______________________________

denn ______________________________

Wahrscheinlich ruft er ______________________ an, weil

____

18 Hören Sie. Was passt? Ordnen Sie zu.

1. Paco ruft	___ Haftpflichtversicherung.
2. Er braucht	___ heimlich ansehen.
3. Paco hat keine	___ Anna informieren.
4. Veronika will sich das Unfallauto	___ die Hilfe von Veronika.
5. Veronika möchte	___ Veronika an.

19 Hören Sie noch einmal. Ergänzen Sie die Modalverben in der passenden Form: *wollen, können, dürfen, sollen, müssen.*

„KFZ-Werkstatt Meier & Meier. Hier ist Veronika Meier, was __________ ich für Sie tun?"
„Hallo, Veronika. Hier ist Paco."
„Paco! Ich hab von deinem Unfall gehört. Wie geht es dir?"
„Es geht. Ich __________ hier eigentlich nicht telefonieren."
„Dann erzähl es mir später. Was __________ ich für dich tun?"
„Du, ich habe eine Bitte. Der BMW, also das Unfallauto, ist beschädigt. Und ich habe keine Haftpflichtversicherung."
„Auweia!"
„Wird das teuer?"
„Das __________ ich so nicht sagen. Da __________ ich das Auto sehen."
„Mist! Die Fahrerin __________ das eigentlich nicht wissen, also ich meine, ich __________ ..."
„Ich verstehe, Paco. Hast du die Adresse?"
„Nein, aber den Namen. Biggi Brinkmann!"
„Die Adresse bekomme ich raus. Meier und Meier, Kraftfahrzeugreparatur und Investigationen. Ich melde mich oder ich sag Anna Bescheid."
„Nein, nicht Anna. Sag bitte nur mir Bescheid."
„Anna ist meine beste Freundin!"
„Meine auch."
„Na dann! Tschüs, Paco. Ich melde mich."

KAPITEL 6

20 Was erfahren Sie über Klaus? Notieren Sie.

21 Was ist bis jetzt passiert? Fassen Sie kurz zusammen.

Paco • Anna • Benno • Biggi Brinkmann • Felipe

KAPITEL 7

22 Antworten Sie bitte.

1. Warum fährt Veronika in die Parkstraße 24? ______________________

____

2. Wer wohnt in der Parkstraße 24? ______________________

3. Was möchte Veronika fotografieren? ______________________

4. Warum ist Veronika überrascht? ______________________

____

5. Was will Felipe in der Parkstraße 24? ______________________

____

KAPITEL 8

23 Schreiben Sie Sätze.

1. Familie Meier – in Leos Kneipe – Mittagspause machen

____

2. Iris – Felipe – vor einer Villa – sehen

____

3. Veronika – Anna – Fotos – zeigen

____

4. Biggis Auto – nicht kaputt sein

____

24 Hören Sie und ergänzen Sie.

„________________! Ihre Telefonauskunft, was kann ich für Sie tun?“

„Guten Tag. Ich brauche eine Telefonnummer hier in ________________.“

„ Wie heißt der ________________?“

„Das ist genau mein Problem. Es ist eine ________________.“

„Haben Sie den Namen oder die ________________?“

„Die Adresse – die Apotheke ist an der ________________ Altenburger Straße.“

„Einen ________________ bitte!“

„Dort gibt es die Linden-Apotheke. Die Nummer ist ________________ ________________. Soll ich gleich ________________?“

„Nein, danke. Sie haben mir sehr geholfen.“

„Gern. Auf ________________!“

KAPITEL 9

25 Hören Sie. Was ist richtig? Markieren Sie.

1. Das Ehepaar Schmidtke hat den Unfall *gesehen / nicht gesehen.*
2. Herr Schmidtke hat *die Ambulanz / die Polizei* gerufen.
3. Pacos Fahrrad ist *nicht kaputt / ist kaputt.*
4. *Die Autofahrerin war schuld an dem Unfall.* Sie hat nicht gebremst. / *Paco war selbst schuld an dem Unfall.* Er ist nicht auf dem Fahrradweg gefahren.

26 a Hören Sie noch einmal. Ergänzen Sie das Partizip Perfekt.

„Habt ihr den Unfall gestern __gesehen__ (sehen)?“

„Nicht direkt. Aber wir sind gleich auf die Straße ________________ (laufen) und Arthur hat sofort die Ambulanz ________________ (rufen).“

„Der junge Mann lag auf der Straße und hatte starke Schmerzen. Genau in dem Moment fing das Gewitter an.“

„Und die Bremsspuren sieht man immer noch.“

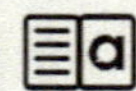

„Und Sie haben das Fahrrad in Sicherheit ________________ (bringen)?“
„Ja, es ist hinten im Hof. Sie können es gleich mitnehmen.“
„Ist es nicht kaputt?“
„Nein, ich glaube nicht.“
„Haben Sie die Polizei ________________ (rufen)?“
„Nein, wieso? Der junge Mann war doch selbst schuld! Wieso fährt er nicht auf dem Fahrradweg, dann kommt er nicht in die Schienen!“
„Und das Auto?“
„Ach, das war bestimmt zwei Meter entfernt. Die junge Dame war schrecklich aufgeregt. Sie hat tatsächlich ________________ (glauben), dass sie ihn ________________ (überfahren) hat. Sie hat ja auch erst seit kurzer Zeit den Führerschein.“
„Tja, Leo. Nett, dass wir uns mal wieder ________________ (sehen) haben. Ich habe Kundschaft. Tschüs! – Guten Tag, was kann ich für Sie tun?“

26 b Hören Sie noch einmal und vergleichen Sie.

27 Antworten Sie bitte.

1. Warum fährt Leo ins Krankenhaus?

____

2. Wer sind die beiden Damen im Krankenhaus?

____

3. Was soll Paco unterschreiben?

____

4. Wie hilft Leo?

____

KAPITEL 10

28 Vergleichen Sie die Zeichnungen von Seite 24 und 45. Was ist gleich? Was ist anders? Markieren und notieren Sie.

A DIE BAYERISCHEN MOTORENWERKE AG (BMW)

Das Unternehmen BMW wurde am 7. März 1916 gegründet und ist heute vor allem als Automobil- und Motorradhersteller bekannt. In seiner Anfangszeit stellt das Unternehmen allerdings ausschließlich Flugzeugmotoren her und ist damit sehr erfolgreich. Enorme Probleme gibt es nach dem ersten Weltkrieg, denn Deutschland darf fünf Jahre lang keine Flugzeugmotoren mehr produzieren. Deshalb muss das Unternehmen andere Produkte herstellen: 1923 wird das erste BMW-Motorrad entwickelt und gebaut. Die Automobilherstellung beginnt 1928. Schon 1936 gibt es den ersten Sportwagen von BMW: den berühmten Sport-Roadster 328.

In München beginnt die Automobilherstellung erst nach dem zweiten Weltkrieg: im Jahr 1951. Die Firma stellt zwei Modelle her: ein Luxusmodell und den Kleinstwagen „Isetta“. Ende der 1950er Jahre macht das Unternehmen große Verluste. Zwei Automobilmodelle sind zu wenig und der Absatz der Motorräder geht ebenfalls zurück. Der Industrielle Herbert Quandt investiert in die BMW AG und mit dem Geld kommt auch der Erfolg: 1962 gibt es den ersten Mittelklassewagen von BMW.

Den Erfolg kann man auch an Zahlen ablesen. 1960 hat die BMW AG 7.000 Mitarbeiter,1969 sind es 21.000, 1990 schon fast 71.000. Große Verluste macht BMW noch einmal Anfang der 1990er Jahre, als der Konzern die britische Rover Group kauft. Deshalb verkauft BMW Rover im Jahr 2000 wieder. Heute gehört BMW zu den erfolgreichsten Automobilunternehmen und verkauft weltweit über 1 Million Fahrzeuge pro Jahr.

Seit dem BMW 520 („fünf-zwanzig“) von 1972 kann man an den Ziffern der Baureihen (z.B. 3er-BMW) auch die Klasse ablesen: die „3“ für Mittelklasse, die „5“ für obere Mittelklasse und die „7“ für Oberklasse. Auch an Buchstaben kann man die Modelle erkennen. Ein „Z“ zum Beispiel ist das Kennzeichen für einen Sportwagen, einen Roadster. Am bekanntesten sind der Z3 und der Z8, beide kennt man auch als James-Bond-Autos oder „Bond-Cars“.

Richtig oder falsch? Kreuzen Sie an.

		R	F
1.	Die Firma BMW gibt es seit 1917.	☐	☐
2.	Am Anfang stellt das Unternehmen nur Flugzeugmotoren her.	☐	☐
3.	1923 gibt es das erste Auto von BMW.	☐	☐
4.	Die Automobilherstellung beginnt 1928.	☐	☐
5.	1936 produziert BMW den ersten Sportwagen.	☐	☐
6.	Die „Isetta“ ist ein Luxusauto.	☐	☐
7.	Herbert Quandt ist ein Ingenieur. Er entwickelt für BMW das erste Mittelklasseauto.	☐	☐
8.	Zwischen 1960 und 1990 wächst das Unternehmen stetig und ist sehr erfolgreich.	☐	☐
9.	Im Jahr 2000 kauft BMW den britischen Automobilhersteller Rover.	☐	☐
10.	An den Ziffern der Baureihe kann man die Klasse der Autos ablesen.	☐	☐
11.	Es gibt zwei „James Bond-Autos“ der Marke BMW.	☐	☐

B ER LÄUFT UND LÄUFT UND LÄUFT: DER VW-KÄFER

Bis Ende 2002 war der VW-Käfer mit über 21 Millionen Stück das meistverkaufte Auto der Welt. In Deutschland hatte der Käfer auch den Namen „Kugel-Porsche". In englischsprachigen Ländern heißt er „beetle", auf französisch heißt er „coccinelle" (Marienkäfer). Dass ihn so viele Menschen mochten, ist auch ein bisschen seltsam, denn der Volkswagen stammt aus Hitlers Zeiten.

1934 hat Ferdinand Porsche den Auftrag bekommen, einen „Volkswagen" zu bauen, und 1938 sind die Pläne so, dass der Wagen in Serie gebaut werden kann. Gleichzeitig entsteht das VW-Werk in Wolfsburg. Doch Volkswagen baut man dort nicht. Man baut Militärfahrzeuge. Die richtige Produktion des Käfers beginnt erst 1945 unter der britischen Militärregierung. Sie bestellt die ersten 20.000 Stück. Das ist der Beginn der Erfolgsgeschichte vom VW-Käfer. Im Jahr 1955 ist der millionste Käfer produziert, bereits 1958 der fünfmillionste. Mit den Jahren gibt es zwar viele technische Verbesserungen, aber die Grundkonzeption bleibt die von 1938. 1978 endet die Produktion des VW-Käfer in Deutschland, die Produktion geht nach Mexiko, wo auch der Nachfolger des Käfers, der „New Beetle" gebaut wird. Die Produktion des alten Käfers endet endgültig im Jahr 2003.

Wie heißt der „Käfer" in Ihrem Land? ______________________

Fassen Sie kurz zusammen: 1934 – 1938 – 1958 - 2003

____

____

____

____

C FAHREN SIE AUTO? WELCHE AUTOS GEFALLEN IHNEN? WARUM?

Notieren Sie Stichpunkte. Erzählen Sie und fragen Sie Ihren Partner / Ihre Partnerin.

D EIN VERKEHRSUNFALL – WAS TUN?

Regeln

- Sofort anhalten und Ruhe bewahren. Wenn nötig, die Fahrbahn freimachen.
- Die Warnblinkanlage vom Auto einschalten.
- Das Warndreieck ca. 100 m vom Unfallort entfernt aufstellen.
- Den Verletzten Erste Hilfe leisten.
- Die Polizei rufen und wenn nötig auch Krankenwagen rufen.
- Den Unfallort nicht verlassen.
- Mit den anderen Unfall-Beteiligten Name, Anschrift, Führerschein- und Fahrzeug-Daten und Name der Haftpflichtversicherung austauschen.
- Die Unfallspuren nicht beseitigen.
- Eine Unfallskizze anfertigen und wenn möglich die Unfallszene fotografieren.

Erinnern Sie sich?

1. Hat in der Geschichte jemand die Polizei informiert?
   Wenn ja, wer? Wenn nein, warum nicht?

   ____

2. Hat jemand einen Krankenwagen gerufen? Wer?

   ____

3. Haben die Unfall-Beteiligten (Paco und Biggi) ihre Adressen ausgetauscht?

   ____

4. Wer hat eine Unfallskizze gemacht? Wann? Warum?

   ____

5. Wie ist das in Ihren Ländern? Was muss man tun, wenn man einen Unfall hat?

   ____

   ____

Übersicht über die in dieser Reihe erschienenen Bände:

Stufe 1 ab A1

Das schnelle Glück
Der 80. Geburtstag
Die Neue
Die Prinzessin
Ein Hundeleben
Gebrochene Herzen
Miss Hamburg
Schwere Kost

Stufe 2 ab A2

Der Einbruch
Der Jaguar
Große Gefühle
In Gefahr
Liebe im Mai
Oktoberfest – und zurück
Schöne Ferien
Unter Verdacht

Stufe 3 ab B1

Hinter den Kulissen
Leichte Beute
Speed Dating
Stille Nacht